QUELQUES OBSERVATIONS

SUR

LA LANGÚE SIAMOISE

ET SUR SON ÉCRITURE,

PAR L. LÉON DE ROSNY,

MEMBRE DU CONSEIL DE LA SOCIÉTÉ ASIATIQUE.

EXTRAIT N° 17 DE L'ANNÉE 1855

DU JOURNAL ASIATIQUE.

QUELQUES OBSERVATIONS

SUR

LA LANGUE SIAMOISE

ET SUR SON ÉCRITURE.

———

(Notice du Dictionnaire thăi de Monseigneur Pallegoix.)

L'Inde transgangétique offrait à la linguistique de riches
mines à exploiter; mais les instruments nécessaires pour en
profiter étaient rares ou quelquefois même manquaient entièrement. Grâce aux soins des voyageurs, des savants, des
missionnaires, des orientalistes, les difficultés s'aplanissent,
les obstacles s'abaissent, et l'on peut espérer que d'ici à
quelques années tous les idiomes de la presqu'île au delà
du Gange pourront être étudiés avec facilité et de façon à
porter des fruits. Le pali, le barman, l'annamique, le thăi
ou siamois, le cambogien, le lao sont les principaux idiomes
qu'il était utile de comprendre. Un illustre indianiste français,
travaillant de concert avec le savant allemand M. Chr. Lassen,
a ouvert la voie qui introduit à la connaissance de la langue
sacrée de l'Indo-Chine. Le barman, par les soins et les recherches des Anglais établis dans l'Inde, est devenu désor-
mais facile pour nous; l'annamique et le tonkinois, qui en est
un des principaux dialectes, ne nous sont plus étrangers de-
puis la publication des travaux de l'évêque d'Isaure, feu
Mgr Taberd; parmi les idiomes les plus importants de la péninsule transgangétique, il ne restait plus qu'à approfondir
la langue des Siamois, qui devait considérablement nous fa-
ciliter celle des Cambogiens et des Lao. Ce progrès est aujour-

d'hui réalisé : la langue siamoise (thăi des indigènes) possède un Dictionnaire [1] qui, joint à la Grammaire dont nous a dotés le même prélat, permet de puiser avec succès dans les riches trésors littéraires que nous offre la culture de cet idiome. Ce dernier travail que nous a laissé le vénérable évêque de Mallos en quittant la France pour retourner, peut-être pour toujours, dans les vastes contrées qui entourent l'antique Juthia, est un nouveau mérite qu'il s'est acquis à la reconnaissance des lettres et des sciences indiennes, et c'est surtout pour lui en offrir l'expression que j'ai pris la plume aujourd'hui.

Cette œuvre savamment élucidée dans le sein d'un pays si différent du nôtre pour les mœurs et les coutumes, dut, sans doute, présenter de nombreuses difficultés, tellement arides à surmonter, que si Mgr Pallegoix n'eût eu sur les indigènes christianisés une influence attachée à son rang, il n'eût pu, de longtemps encore, donner un Dictionnaire aussi complet que celui que nous possédons aujourd'hui. J'ai vu la plupart des matériaux qui ont servi à l'auteur pour rédiger son livre : c'étaient de petits vocabulaires dans lesquels les mots, généralement en désordre, étaient le plus souvent expliqués par des définitions thăi fort médiocres ou fort équivoques; dans quelques listes seulement, un petit nombre de mots et d'expressions étaient nettement interprétés. C'est donc à l'aide de ces dernières, et avec la profonde connaissance qu'il a pu acquérir de la langue thăi, pendant vingt-quatre années de séjour au sein du pays de ces peuples, qu'il a été à même de rédiger le lexique qui vient de sortir des presses de l'Imprimerie impériale de Paris, et auquel nous avons voulu consacrer cette courte notice.

Il est à regretter que des raisons d'intérêt pour sa mission

[1] สัพพะจะนะพาสา ไท. *Dictionarium linguæ thaï,* sive siamensis, interpretatione latina, gallica et anglica illustratum, auctore D. J. B. Pallegoix, episcopo Mallensi, vicario apostolico Siamensi. *Parisiis.* Jussu Imperatoris impressum in *Typographeo Imperatorio,* 1854; in-4° jésus, 897 pages.

l'aient contraint d'expliquer son livre en trois langues européennes : en latin, en français et en anglais. Cette triple traduction des mots et des exemples qu'il donne ne sert qu'à augmenter le poids de son livre, sans en agrandir, au fond, la valeur réelle. On eût pu, dans un petit in-4°, ou même dans un in-8° ordinaire, réunir la matière de tout ce gros et pesant Dictionnaire, surtout si l'on avait, par une disposition typographique meilleure, évité les innombrables blancs qu'il renferme au milieu des textes. Ces défauts sont, du reste, bien matériels, et ne sauraient déprécier en quoi que ce soit la valeur scientifique du livre sur lequel nous appelons l'attention.

La langue thăi, ainsi que la publication de ce Dictionnaire contribue de nouveau à le démontrer, tout en puisant largement dans les idiomes antiques et sacrés de l'Inde (sanscrit, pali), a reçu également une influence réelle du chinois et des langues océaniennes dont le centre se rapproche de la péninsule de Malâka. Elle est, au fond, essentiellement monosyllabique, et, tout en formant un des rameaux importants de la famille des langues dites *transgangétiques,* elle présente, en quelque sorte, le chaînon qui unit les langues indiennes à celles de l'Océanie et de la Chine. En effet, elle a acquis des titres de parenté avec les langues indiennes, notamment avec le sanscrit et le pali, en leur empruntant des mots et des expressions en grand nombre ; elle se rattache aux idiomes océaniens, surtout par la nature de sa grammaire et par les lois de sa syntaxe ; enfin, elle se rapproche de la langue chinoise, qui lui a apporté tout à la fois des mots, des idiotismes et des modifications grammaticales.

Le Dictionnaire de Mgr Pallegoix nous fait connaître l'origine d'un certain nombre de mots thăi ; mais il est à regretter que ce soit le plus souvent en termes vagues et sans reproduire, soit avec leurs caractères particuliers, soit par une transcription nette et précise, les mots étrangers dont il mentionne l'introduction dans le siamois ; ainsi, le mot อันยีหวา

ănyĭvă, expliqué par « vita, anima, cor (vox malayensis) », est en effet, réellement malay, mais il a subi une légère altération en passant dans le thäi : la présence du mot malay جيوا *djīva* l'eût fait connaître immédiatement. Souvent aussi on a omis d'indiquer l'étymologie ou de présenter des comparaisons, comme pour les mots : มาดา *mada*, « mère » (sanscrit : माता *mātā*[1]); มหา *măhá*, « grand » (sanscr. माहा *māhā*); มนตรี *mŏntri*, « ministre » (malay : منترى *mantrī*; sanscrit : मंत्री *mantrī*); กู *koŭ*, « moi » (mal. آکو *ākou*, کو *kou*); กุหลาบ *koŭlāb*, « rose (hindoustani : گلاب *goulāb*); น้ำ *năm*[2], « eau, liquide » (mandchou : ᠨᠠᠮᡠ *namou*; japonais : ウミ *oumi*; lou-tchou : *nami*, « la mer »); แม *mè* ou เม *me*, « mère » (barman : မိ *meï* ou အမိ *ameï*; tibétain : མ *ma*); นาง *nang*, « homme » (annam. 人 *ñœn*[3]); ม้า *ma*, « cheval, jument » (chinois : 馬 *mà*); ชา *tcha*, « le thé » (chin. 茶 *tch'á*); เช้า *tchao*, « matin » (chinois : 早 *tsào*); สี *si*, « couleur » (chin. 色 *ssĕ*); สี *si*, « quatre » (ch. 四 *ssé*)[4].

---

[1] Le mot มาดาย *măday* « mère », est donné dans le Dictionnaire thäi comme cambojien : « vox cambodiensis »; il semble préférable de le rapporter également à une origine plus ancienne, au sanscrit माता *mātā*.

[2] Cf. tongouth, *nam*; sandan, *namo*; hébreu ים *iam*.

[3] Cf. aussi le chinois 人 *jín*, l'*ñ* étant ici une transformation du *j*.

[4] Les composés numériques se forment également à la manière chinoise; ainsi : ที่ สี *tí si* (en chinois 第 四 *ti ssé*) signifie « quatrième »; สี สิบ *si sĭb* (chin. 四 十 *ssé chĭ*) = « quarante »; สิบ สี *sĭb si* (chin. 十 四 *chĭ ssé*) = « quatorze », etc.

Nous donnons, ci-après, les noms de nombres thäi usuels com-

L'ordre lexicologique adopté pour le Dictionnaire thăi de Mgr Pallegoix est celui de l'alphabet romain, modifié par

parés à ceux des Chinois; on reconnaîtra, sans aucun doute, des rapports réels dans les deux langues :

NOMBRES SIAMOIS.		NOMBRES CHINOIS.	VALEUR.
หนึ่ง	nŭng.	ĭ.	Un.
สอง	sóng.	œll.	Deux.
สาม	sám.	săn.	Trois.
สี่	si.	ssé.	Quatre.
ห้า	hà.	où.	Cinq.
หก	hŏk.	loŭ.	Six.
เจ็ด	tyĕt (chĕt).	ts'ĭ.	Sept.
แปด	pët.	pă.	Huit.
เก้า	kăo.	kĭeou.	Neuf.
สิบ	sĭb.	chĭ.	Dix.
ร้อย	roï.	pĕ.	Cent.
พัน	p'ăn.	ts'ĭen.	Mille.
หมื่น	mŭn.	wan.	Dix-mille.

Quant aux chiffres siamois, ils ont été formés d'après le système indien. En voici la concordance sanscrite et européenne :

Thăi...	๑	๒	๓	๔	๕	๖	๗	๘	๙	๑๐	๑๐๐
Dévan..	१	२	३	४	५	६	७	८	९	१०	१००
Europ..	1	2	3	4	5	6	7	8	9	10	100

la présence de quelques lettres de transcription [1]; comme cet ordre (en réalité plus commode pour nous que tout autre dans l'usage journalier) est fort différent du classement organique des Siamois, nous croyons utile de consacrer ici quelques lignes à la nature et à la disposition de l'alphabet thăi.

L'alphabet siamois, comme on le sait, est divisé, par les indigènes, en deux grandes classes.

La première, comprenant les voyelles, est disposée d'une manière analogue à celle de l'alphabet déva-nâgari, et présente d'abord les voyelles longues et les brèves ; ensuite les semi-voyelles, et, enfin, les diphthongues et les voyelles modifiées.

Voici un essai de concordance entre le système voyellaire thăi et le déva-nâgari :

	VOYELLES.								SEMI-VOYELLES.			
Thăi.....	อ	อา	อิ	อี	อึ	อื	อุ	อู	ฤ	ฤๅ	ฦ	ฦๅ
Déva-nâg.	अ	आ	इ	ई			उ	ऊ	ऋ	ॠ	ऌ	ॡ
Valeur...	ă²	ā	ĭ	ī	ŭ	ū	oŭ	oū	r̥ĭ³	r̥ī	l̥rĭ³	l̥rī

[1] Le système de transcription adopté pour le siamois, par les missionnaires chrétiens dans l'Inde, n'est pas entièrement à l'abri de la critique; les six lettres ก, ข, ฃ, ค, ฅ, ฆ, par exemple, sont également représentées par *k*, sans aucun signe additionnel pour distinguer chacune d'entre elles, et cependant ces six lettres n'ont pas positivement une seule et même valeur, une seule et même prononciation. Dans le Dictionnaire thăi de Mgr Pallegoix, la lettre อ *u* est transcrite par *u'* accentué latéralement; อ ou par *u*; จ *tcho* par *xo*; ญ *yo* par *jo*. La plupart des autres signes siamois sont représentés par des lettres qui ont alors la même valeur que dans notre alphabet.

² La voyelle sanscrite अ *a*, qui prend en siamois la forme อ, s'est altérée quelque peu quant à sa prononciation, en passant dans la langue thăi, où elle a le plus souvent le son de l'*o*. C'est ainsi que les noms des consonnes siamoises sont formés par la combinaison syllabique de chacune d'entre elles avec la voyelle *o*. Il en est de même en javanais : les orientalistes hollandais, qui se sont occupés

DIPHTHONGUES ET VOYELLES MODIFIÉES.

Thăi.....	เอ	แอ	ใอ ไอ	โอ	เอา	อำ	อะ
Déva-nâg.	ए		ऐ	ओ	औ	अं	अः
Valeur...	*e*	*é.*	*aī*	*ô*	*ăo*	*am*	*a:, aʿ.*

La disposition et la structure des voyelles thăi réclament quelques observations.

Les alphabets indiens, quant à leur élément voyellaire, peuvent se diviser en deux classes : 1° ceux dont les différentes voyelles n'offrent pas entre elles d'analogie apparente dans les formes; 2° celle dont les voyelles présentent une similarité de formes basée sur un type-voyelle ou *principe voyellaire* [1].

Dans la première classe se rangent, entre autres, les alphabets suivants :

	a	*i*	*ou*		*a*	*i*	*ou*
Sanscrit	अ	इ	उ	Telinga	ಎ	ಇ	ಉ
Barman	အ	ဣ	ဥ	Javanais	ꦲ	ꦲꦶ	ꦈ

de cette dernière langue, ont employé la lettre européenne-suédoise å, pour transcrire le son de l'*o* dominant à Java, et pour rappeler en même temps son origine indienne.

[s] Quoique les caractères ฤ , ฤๅ , ฦ , ฦๅ , correspondent réellement aux lettres déva-nâgari ऋ, ॠ, ऌ, ॡ, *rĭ, rī, lrĭ; lrī* (*li*), ils ne possèdent cependant pas précisément les mêmes sons que ces dernières. En siamois, les sons *rĭ, rī, lrĭ, lrī,* deviennent *lŭ, rū, lŭ, lū.*

[1] Dans l'alphabet d'un grand nombre de langues on rencontre le type-voyelle. Dans les langues sémitiques, en arabe, par exemple, l'*alif,* ا, est en quelque sorte un type-voyelle, car, par lui-même, il n'a point de valeur positivement fixe. En effet, il peut également prendre les sons de l'*a,* de l'*i* et de l'*ou,* suivant le signe ou *déterminatif voyellaire* qui lui sera ajouté; ainsi les voyelles arabes *a, i, ou,* jouent près de l'*alif* (ا *a,* ا *i,* ا *ou,*) un rôle analogue à celui des accents *i, ou,* près du type-voyelle thăi (อ *a,* อี *i,* อุ *ou*).

Le gouzarati et le tamoul ont une tendance à rentrer dans la seconde classe :

	a	*i*	*ou*			*a*	*i*	*ou*
Gouzarati	અ	ઈ	ઉ		Tamoul	அ	இ	உ

La deuxième classe, dans laquelle vient se placer l'alphabet thăi, comprend aussi le tibétain, etc. Dans ces deux écritures on remarque un signe unique (อ en thăi, ཨ en tibétain), qui, modifié par quelques traits additionnels supérieurs ou inférieurs, fournit la série complète des voyelles :

	BRÈVES ET COMPOSÉES.									LONGUES.			
Valeur..	*ă*[1]	*ĭ*	*oŭ*	*ê*	*aï*	*am*	*aʻ*		*ā*	*ī*	*oū*	*ô*	*ao*
Thăi...	อ	อี	อุ	แอ	ไอ	อำ	อะ		อา	อี	อุ	โอ	เอา
Tibétain	ཨ	ཨེ	ཨུ	ཨེ	ཨེ	ཨཾ	ཨཿ		ཨུ	ཨེ	ཨུ	ཨོ	ཨོ

La conformation des voyelles et diphthongues thăi เอ *e,* แอ *ë,* ไอ *aï,* ใอ *ăï,* โอ *ô,* เอา *ao,* offre également un fait curieux à constater, en présentant le type-voyelle *précédé* de caractères ou signes déterminatifs [2], ou, ce qui revient au même, la voyelle précédant, dans l'écriture, la consonne qu'elle doit suivre dans la prononciation. En effet, les signes เ, แ, ไ, ใ, โ, เ—า, joints à des consonnes, suffisent pour ajouter à celles-ci les voyelles *e, ë, aï, ăï, ô, ao,* ce qui leur accorde cette valeur intrinsèque. Ce phénomène se présente d'une manière analogue en javanais pour la lettre ꦌ *e;*

---

[1] Le son *ă* est formé par le type-voyelle isolé, ou dépourvu de tout trait additionnel.

[2] Dans l'écriture déva-nâgari, l'*ĭ* bref ि, au milieu des mots, précède également la consonne qu'il suit à la lecture; exemple : क = *k;* कि = *kĭ.*

exemple : ꦏꦩ $= k$, ꦏꦏꦩ $= ke$. Le même alphabet offre aussi un cas où la voyelle se sépare en deux parties, pour laisser insérer entre elles la consonne qui doit la précéder dans le son. Ainsi les signes ꦏ — 2, en javanais, figurent l'o. Si l'on intercale la voyelle ꦫ r, on a : ꦏꦫ2 $= ro$. Un fait analogue se retrouve en thăi, pour le groupe เอา $ăo$; exemple : เ—า $= ăo$; ก $= k$; เกา $= kăo$[1]. J'essayerai, ailleurs, d'expliquer ce fait intéressant pour la linguistique générale.

La seconde section de l'alphabet thăi, comprenant les consonnes, se sépare en six subdivisions :

1. โอษฐะชะ *ôṫâ: tcha:* « labiales ».

2. ทันตะชะ *ṫanṫă: tcha:* « dentales ».

3. มุทธะชะ *moŭtṫă: tcha:* « palatales ».

4. นาสิกะชะ *nasîkă: tcha:* « nasales ».

5. กรรฑะชะ *kănṫă: tcha:* « gutturales ».

6. โอระชะ *ôra: tcha:* « pectorales ».

Dans la série des consonnes thăi, les k jouent un rôle très-important. Le ก k simple est le même que le क sanscrit. Les

---

[1] Les Thăi, comme les Javanais, possèdent un signe destiné à ravir le son à une lettre, c'est-à-dire à indiquer qu'elle ne doit pas se prononcer à la lecture. Ce signe , appelé au Siam ฆณฑะ ฆาฏ *ṫănṫa: kăt* « bâton qui tue », joue le même rôle que le ꦥꦠꦺꦤ꧀ *paten* « tueur », en javanais (ꦥꦠꦺꦤ꧀).

lettres ฆ, ค, ฅ, ฃ sont aspirées, et diffèrent peu les unes des autres[1] ; elles se prononcent à peu près comme le χ grec.

La lettre จ, transcrite par *ch*, a un son qui se rapproche beaucoup de *ty*[2] (l'*y* étant ici considéré comme consonne seulement).

Les caractères ฌ, ฉ, ฌ, qui, comme le จ *tyo*, entrent dans la classe des palatales, ont le son consonnaire du groupe *tch*, ou du russe ч.

ญ *yo* transcrit par *jo* se prononce simplement *yo*.

La langue thăi, qui fait partie des langues à tons, exprime ceux-ci plus clairement et plus fortement qu'à la Chine ; ainsi, dans l'usage domestique même, elle présente en quelque sorte un chant perpétuel ; dans les discours solennels, dans les récits en vers, ces intonations, beaucoup plus prononcées, semblent considérablement exagérées pour l'Européen qui n'y est point encore habitué. Riche en expressions figurées et en tournures poétiques, tout à la fois vif et naturel, doux et expressif, l'idiome des Siamois se compose de mots tantôt formés logiquement d'après les lois étymologiques, tantôt créés par le sentiment artistique de l'homme à demi-sauvage, qui cherche à peindre, par les accents de sa voix, les objets variés

---

[1] L'absence du son *ga* (ก), et *g'a* (ฆ) surprendra assurément ; mais si l'on étudie quelque peu la structure des lettres thăi, on sera porté à reconnaître que les deux signes ฆ *k'ó* et ค *k'o* sont les représentants des deux sons qui nous manquent. En effet, on remarquera que, contrairement à ce qui a lieu dans un grand nombre d'écritures, la lettre dite *forte*, dans l'alphabet thăi, diffère de la *faible* par une addition, une complication dans le tracé ; ex. : ฎ *do*, ฏ *to* ; ด *do*, ต *to*, บ *bo*, ป *po*.

[2] Cf. la lettre ฐ *t'ó* (*t*).

qui viennent frapper ses sens. En effet, la langue thăi possède
beaucoup d'expressions douées d'harmonie imitative, comme :
หฺวาง *ngang* « tintement de cloche », อู *vòu* « murmure d'un
essaim d'abeilles », กฺลอง *klong* « tambour siamois », นก
กวัก *nŏk kouăk* « poule d'eau », etc.

Les mots que régit la grammaire thăi ne prennent un
sens défini que par le contexte des phrases où ils sont ren-
fermés, et par la présence de certaines particules spécifiques
ou modificatives qu'on leur joint pour rendre leur sens,
leur valeur à la fois plus nette et plus précise. Ainsi l'expression รักษ์ *răk*, qui entraîne l'idée « aimer », sert à former des
composés de la manière suivante : ความ *kʻouam* « chose,
affaire (negotium) » ᐩ รักษ์ *răk* ou ความ รักษ์ *kʻouam
răk* = « amour »; คฺล *kʻon* « homme » ᐩ รักษ์ *răk* ou คฺล
รักษ์ *kʻon răk* = « amour »; หฺนา *nà* « figure, mine, aspect »
ᐩ รักษ์ *răk* ou หฺนา รักษ์ *nà răk* = « aimable »; รักษ์ *răk*
ᐩ กัน *kăn* « ensemble, mutuellement », ou รักษ์ กัน *răk
kăn* = « s'entr'aimer »; รักษ์ *răk* ᐩ อยู่ *yoû* « être » ou รัก
อยู่ *răk yōu* « j'aime (ou je suis aimant), » etc.

Les substantifs thăi ne sont pas doués d'inflexion pour ex-
primer les cas, les genres et les nombres. Ceux-ci se déter-
minent par l'addition de certaines particules. Dans la cons-
truction phraséologique, le nom au nominatif précède le
verbe auquel il est joint; l'accusatif, au contraire, suit celui-ci
comme complément de la période.

Les adjectifs thăi suivent également le substantif qu'ils
qualifient.

Les pronoms personnels siamois sont, le plus souvent,
comme en chinois et en malay, par exemple, remplacés par

des paroles d'humilité pour la première personne, ou par des expressions honorifiques pour la seconde. ข้า *k̒à* « esclave, serviteur », ผม *p̒ŏm* « cheveu, qui ne vaut qu'un cheveu », et autres mots du même genre, servent pour la personne qui parle, tandis que เจ้า *tyăo* « seigneur », เจ้า คุณ *tyăo k̒oŭn* « seigneur de bienfaits »[1], ท่าน *t̒àn* « maître », เจ้า ชีวิตร *tyăo tchïvït* « seigneur de la vie »[2], etc., sont employés pour la personne à qui l'on s'adresse. Les principaux pronoms personnels de la troisième personne sont : มัน *măn* « lui, avec mépris »; เขา *k̒áo* « ils, elles, les autres »; นั้น *năn* « lui, elle »; คน นั้น *k̒on năn* « cet homme-là ». En outre, il y a une longue série de mots et d'épithètes destinés à remplacer les pronoms personnels, et constitués d'après la position et le rang de ceux qui les emploient.

Les verbes siamois manquant de désinences n'ont point de conjugaison proprement dite. Ce n'est que par l'addition de certains auxiliaires ou affixes que l'on parvient à obvier au défaut de temps et de modes. Le plus souvent même un mot thãi ne prend la valeur verbale que par la présence de ces sortes de particules. Le présent, comme nous l'avons dit plus haut, se forme à l'aide de l'auxiliaire อยู่ *yŏu* « être »; ex. : รัก อยู่ *răk yŏu* « j'aime »; les expressions เมื่อ นั้น *mùa năn* « dans ce temps-là, alors », ainsi que le mot ได้ *dăï*, servent surtout à former le passé, comme : เมื่อ นั้น ข้า รัก *mùa năn k̒à răk* « j'aimais », ข้า ได้ รัก *k̒à dăï răk* « j'ai

<hr>

[1] En s'adressant à un personnage d'un rang élevé.
[2] En parlant au roi.

aimé ». La marque du futur est *ในะ cha:*; ex. : ก ในะ รัก *k'à cha: răk* « j'aimerai ». L'absence de toute affixe près du verbe indique l'impératif : รัก *răk* « aime ».

L'histoire naturelle et la géographie ont été également l'objet des recherches de M⁶ʳ Pallegoix, qui a fait ses efforts pour réunir dans son travail une série aussi complète que possible des noms et mots techniques relatifs à ces deux sciences. Les synonymies naturelles contenues dans le Dictionnaire thăi sont encore peu nombreuses il est vrai, mais les noms géographiques, qu'on y trouve en grande quantité, serviront non-seulement à enrichir le domaine de la géographie et de la topographie, mais encore à donner aux travaux ultérieurs plus d'exactitude et plus d'intérêt. En effet, l'honorable prélat ne s'est pas contenté de reproduire sèchement les noms des villes, des sites, des montagnes, des fleuves, par leur prononciation exacte, suivie, pour toute explication, des noms européens corrompus que le temps et l'usage leur ont consacrés; il a voulu graver plus profondément leur souvenir dans les mémoires, en en donnant le plus souvent les étymologies poétiques ou historiques, également bien dignes de tout notre intérêt.

Enfin, ceux qui s'occupent des sciences religieuses et mythologiques des Indiens pourront consulter ce Dictionnaire avec fruit et utilité, car l'auteur, non sans raison, a voulu renfermer dans son livre une longue série de mots bouddhiques et autres, joints à leur traduction européenne. Il eût été précieux, néanmoins, de rencontrer encore, à côté de ces mots et de leur signification, l'équivalent sanscrit, de trouver, par exemple, à côté du mot เมไตรย *metrăiyô,* « nom du Bouddha futur », la version ancienne मैत्रेय *maitrēya;* à côté de l'épithète โลกะนารถ *lôka:nàt* « refuge du monde, protecteur de l'univers », le composé sanscrit लोकनाथ, *lōkanāt.*

En terminant cette courte notice, consacrée à l'un des livres

les plus remarquables que l'orientalisme français ait produits
dans ces dernières années, il est de notre devoir de répéter ici
que le *Dictionarium linguæ thaï* de Mgr Pallegoix est un excel-
lent ouvrage, qui, au mérite d'être le premier publié dans
son genre, joint encore l'éminente qualité d'être assez complet pour servir à l'intelligence des riches trésors littéraires
que la langue thăi renferme en soi, et dont la connaissance
augmentera et enrichira tout à la fois le domaine de nos
études et de nos investigations.

* 9 7 8 2 0 1 4 1 1 0 9 0 6 *